小孩学画

吉林美术出版社

水墨画

稚春 编著

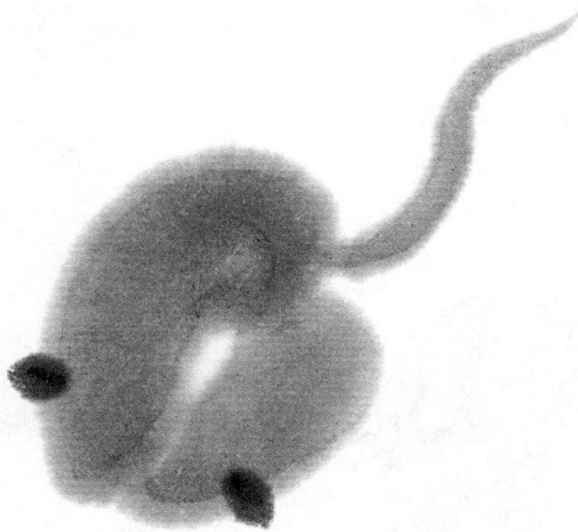

小孩学画（水墨画）

稚春　编著

责任编辑 郭兵　装帧设计 郭兵

吉林美术出版社出版发行

（长春市人民大街 124 号）

长春人民印业有限公司印刷

787 × 1092 毫米　24 开　4 印张

2002 年 6 月第一版　2002 年 6 月第一次印刷

印数：1-20000 册　定价：8.90 元

ISBN 7-5386-1300-5/J · 1007

编者的话

在画水墨画之前，让我们先了解几种笔法：

还要知道几种墨色：

再认识几种颜料：

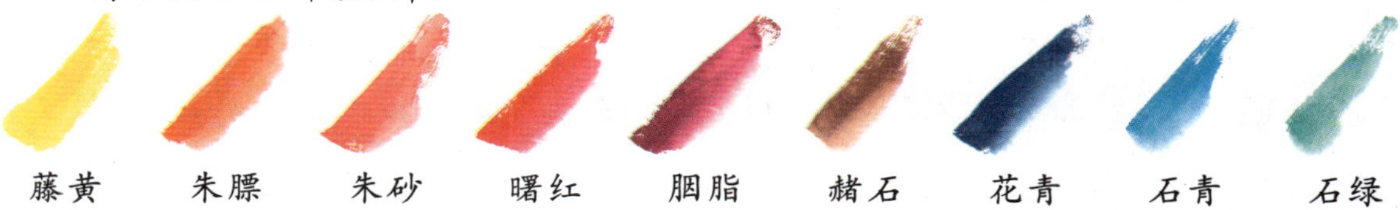

现在，小朋友们就可以按书中的顺口溜和示范步骤，轻松地掌握水墨画的用笔方法、用墨方法、用色方法和一些小窍门儿。

相信你一定能画出好作品！

孩子们的大朋友： 老师

目　录

柿子

1. 先蘸朱膘圈一笔

2. 再圈一笔贴一起

3. 浓墨四笔成柿顶

4. 焦墨一笔成柿柄

苹果

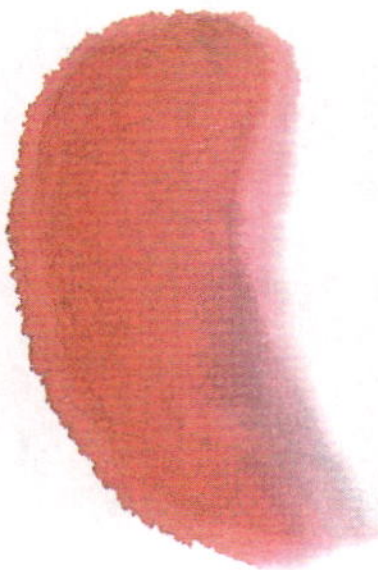

1. 侧锋左一笔

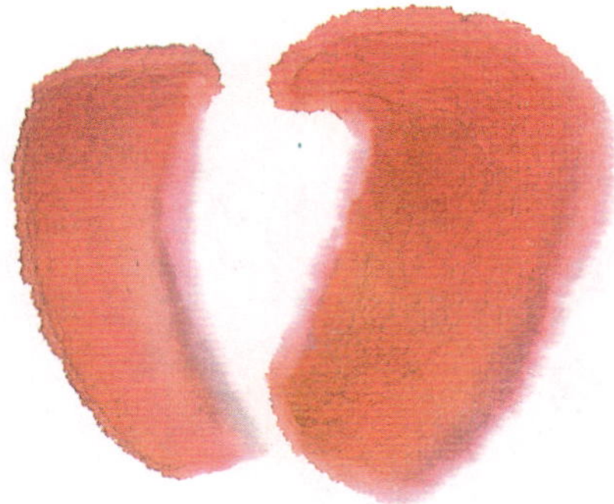

2. 侧锋右一笔

3. 中间补一笔

4. 勾柄又点脐

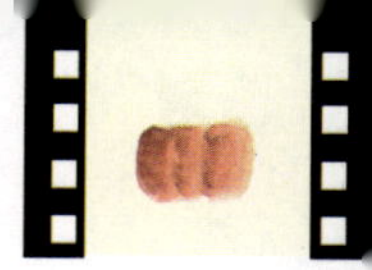

梨

1. 藤黄左边勾一笔

2. 侧锋右边再一笔

3. 中间一笔补缝隙

4. 勾柄点花点果脐

枇杷

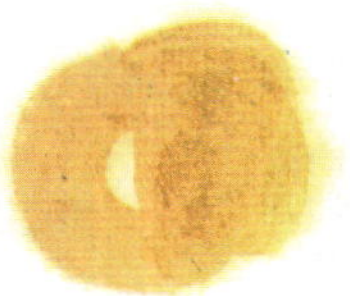

1. 两笔一个果

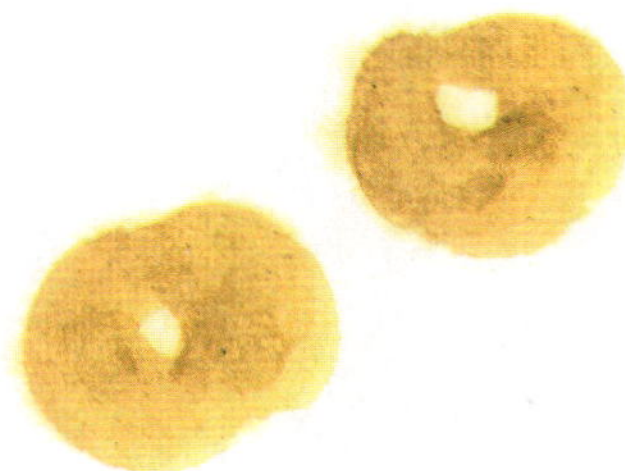

2. 四笔画两个

3. 勾柄又点脐

4. 果叶莫分离

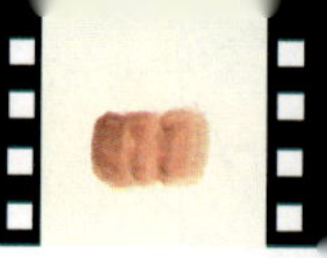

荔枝

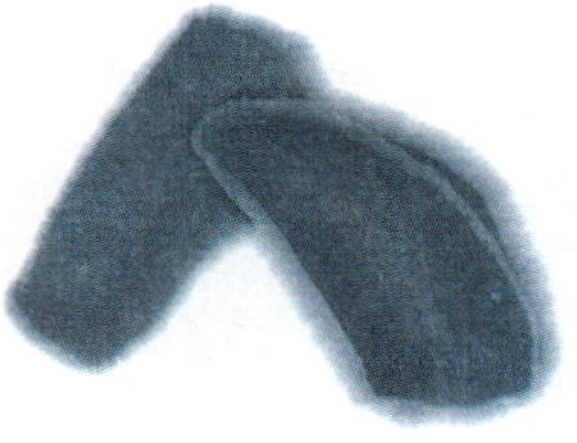

1. 淡墨画叶

2. 大红画果

3. 浓墨勾筋

4. 胭脂点妥

西瓜

1. 绿色中锋画一圆

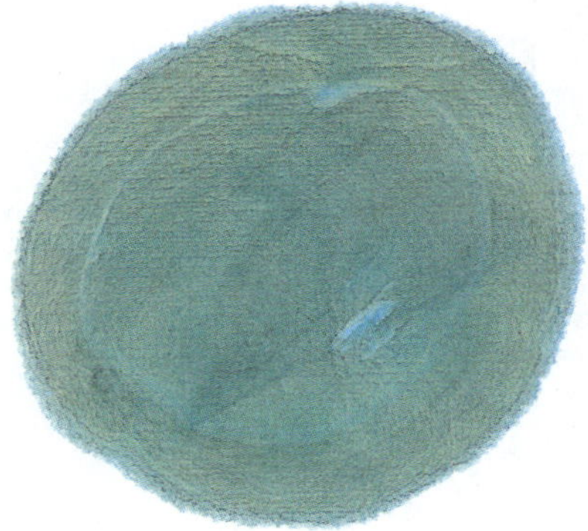

2. 侧锋依次把色填

3. 浓墨勾出弧形纹

4. 脐圆柄短藤儿弯

葡萄

1. 侧锋四笔画叶

2. 中锋转笔画果

3. 重墨勾筋画柄

4. 焦墨点脐画藤

桃子

1. 先蘸藤黄，后蘸曙红

2. 三笔画出，像个灯笼

3. 淡墨侧锋，果叶三片

4. 叶筋墨重，枝干墨浓

葫芦

1. 藤黄加赭石，侧锋点一笔

2. 左右各半圆，中间补一笔

3. 淡墨侧锋画六笔

4. 重墨筋藤点黑脐

石榴

1. 赭石侧锋一转

2. 曙红点子满碗

3. 花青叶子三片

4. 点花画顶好看

荸荠

1. 淡墨侧锋上下两笔

2. 笔尖勾出一高一低

3. 浓墨勾边线

4. 淡红染心里

青椒

1. 中间一笔

2. 左边一笔

3. 右边一笔

4. 上边两笔

萝卜

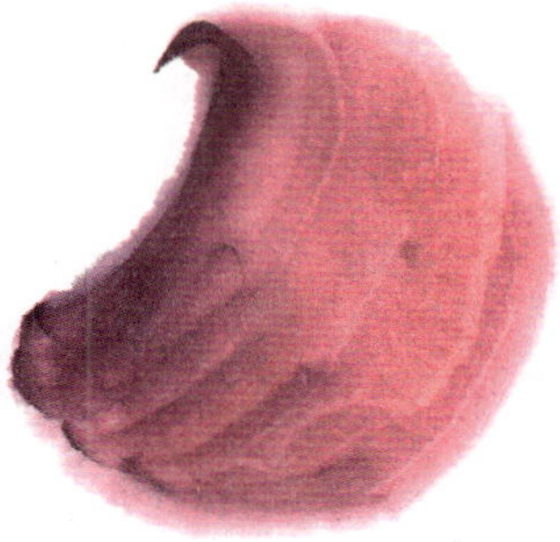

1. 胭脂侧锋三笔

2. 中锋勾根勾须

3. 浓墨笔尖圈顶

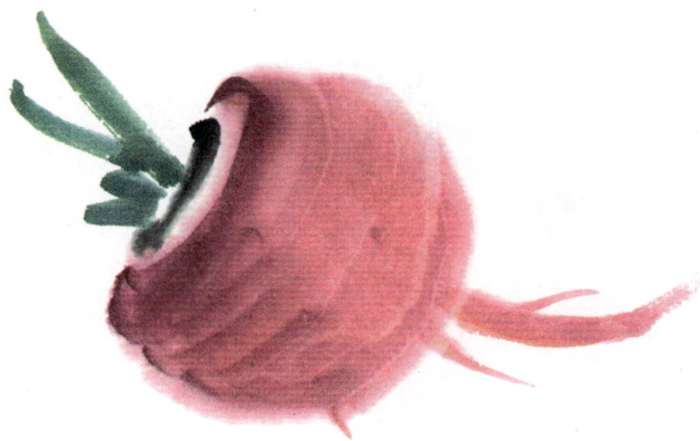

4. 花青石绿画缨

白菜

1. 淡墨两笔一个桩

2. 左右两笔三个帮

3. 藤黄花青抹绿叶

4. 菜顶圆来菜根长

茄子

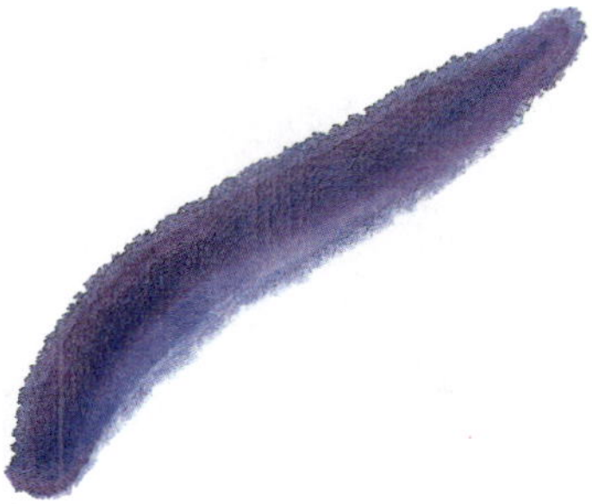

1. 彩墨走笔轻抬起

2. 两条粗线要亲密

3. 茄裤藤黄加石绿

4. 刺儿稀来把儿细

辣椒

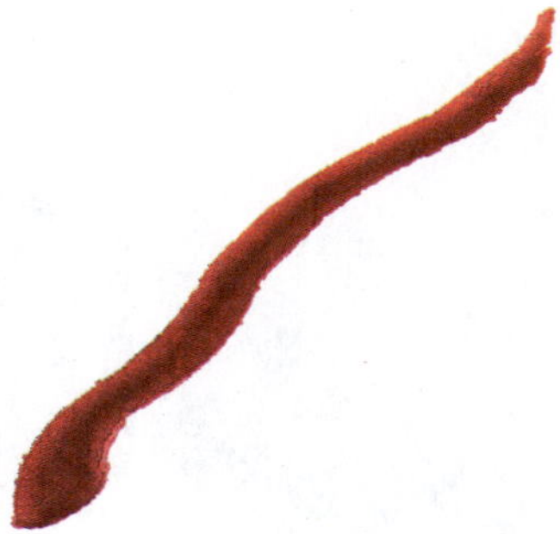

1. 胭脂中锋略带弯曲

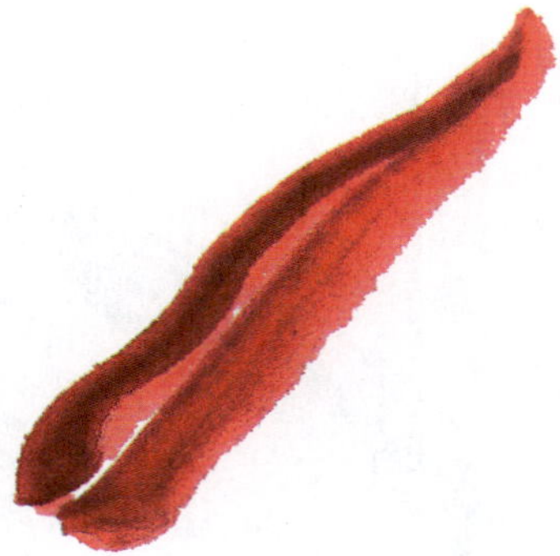

2. 侧锋从下向上一提

3. 石绿叶儿轻轻点画

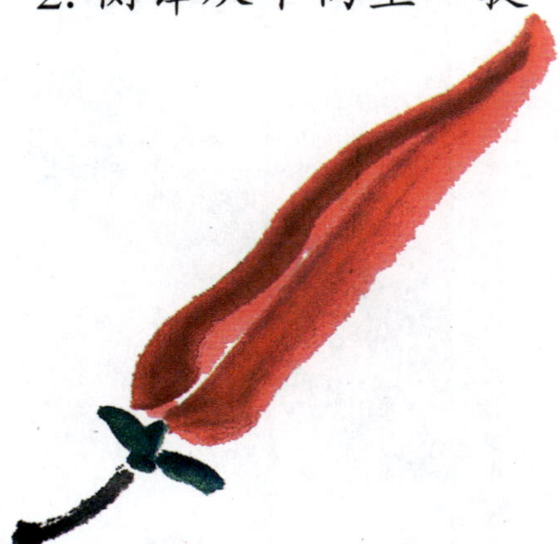

4. 浓墨细柄连在一起

胡萝卜

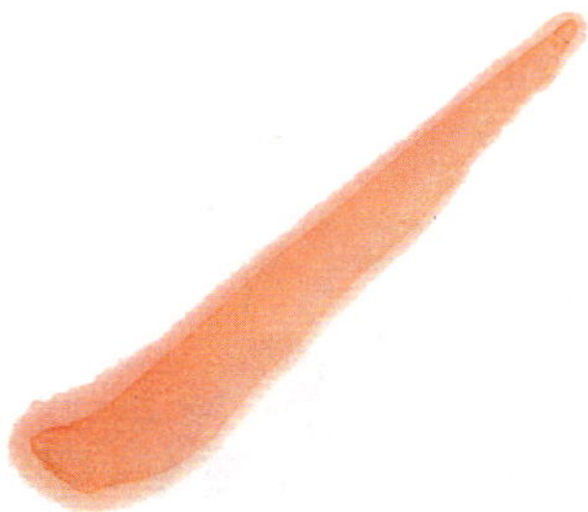

1. 侧锋一笔轻轻抬起

2. 再补一笔做为邻里

3. 根须轻描褶皱淡写

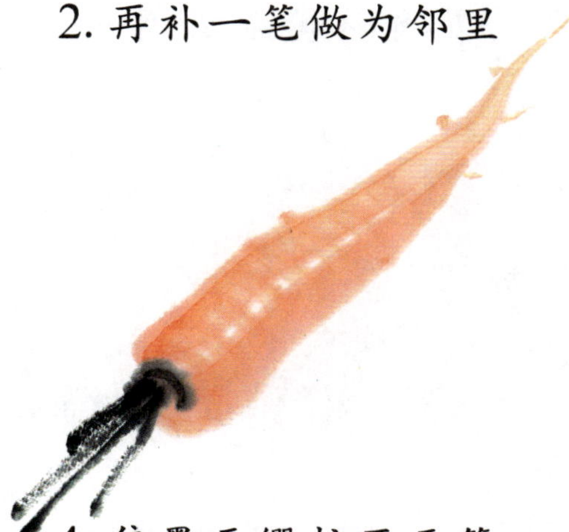

4. 焦墨画缨拉开画笔

冬瓜

1. 花青藤黄石绿调一起

2. 起笔落笔中间补一笔

3. 勾好上部染淡绿

4. 浓墨勾柄再点脐

南瓜

1. 花青石绿一根柱

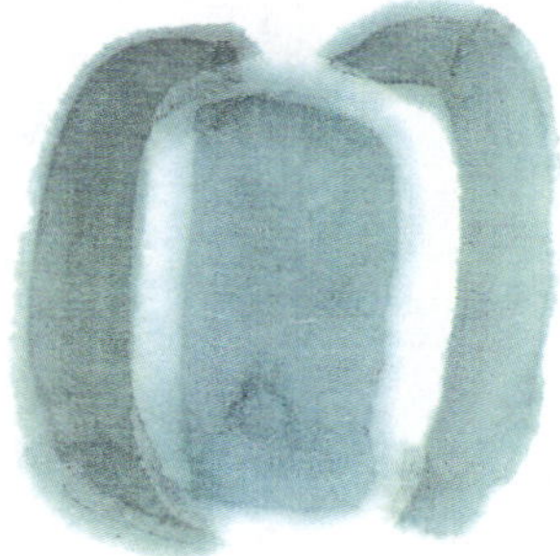

2. 左右两笔包石柱

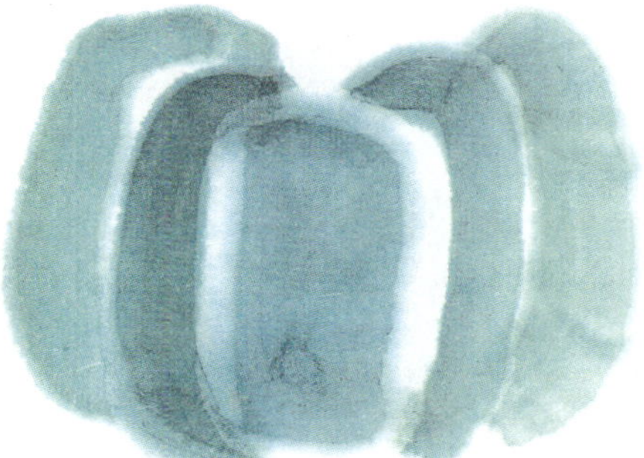

3. 再添两笔柱子多

4. 柱子上边长棵树

竹笋

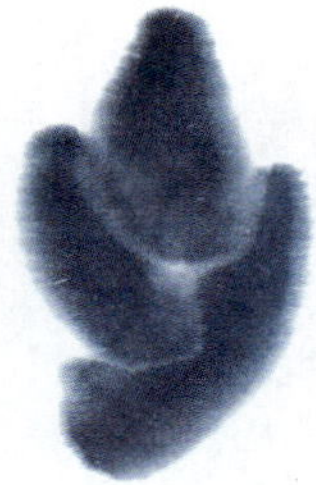

1. 淡墨笔尖点一笔

2. 再点两笔挨一起

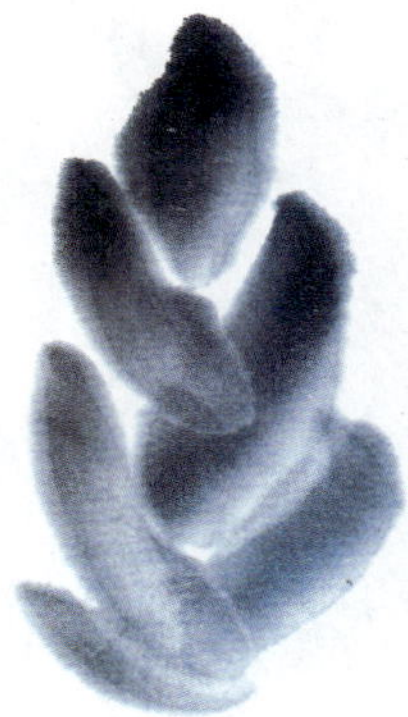

3. 左右有序点下去

4. 浓墨中锋挑刺细

蘑菇

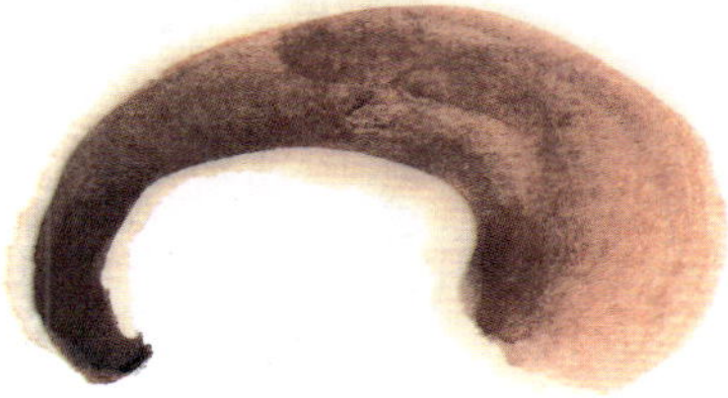

1. 先蘸赭石，再蘸淡墨

2. 圆弧下面，墨点一个

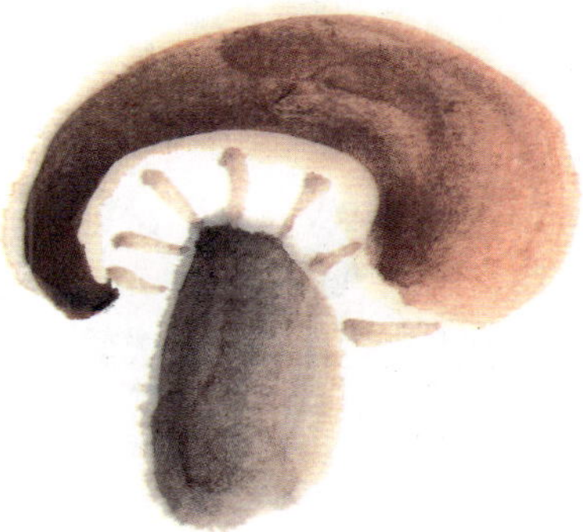

3. 大大墨点，生出细线

4. 黑色胡须，长在下面

牵牛花

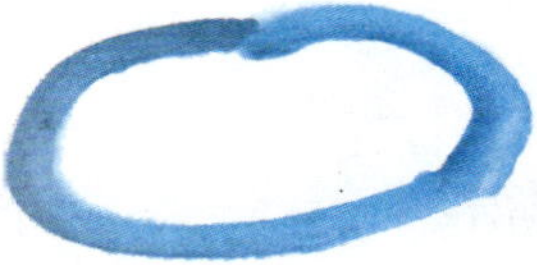

1. 中锋勾扁圆

2. 圆里圆外蓝

3. 叶子深浅墨

4. 柄蔓花下缠

山茶花

1. 曙红三笔画花瓣

2. 再添两笔围成圈

3. 浓墨淡墨画枝叶

4. 点心勾筋花好看

梅花

1. 曙红调朱砂

2. 五点成梅花

3. 重墨勾花心儿

4. 焦墨添花枝儿

兰花

1. 焦墨画兰叶

2. 浓墨画兰根

3. 淡墨画兰花

4. 绿色画兰茎

竹子

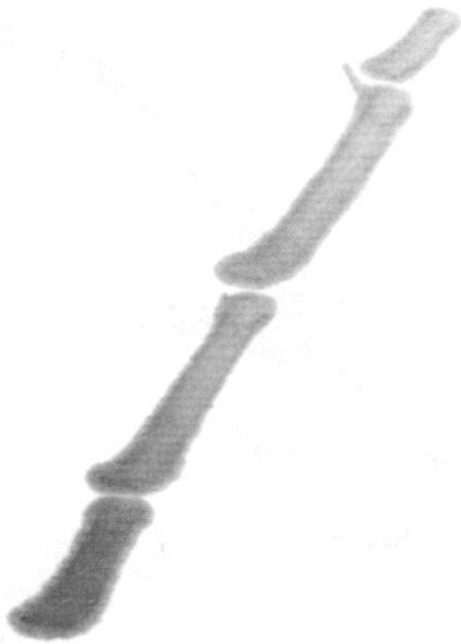

1. 淡墨侧锋推竹干

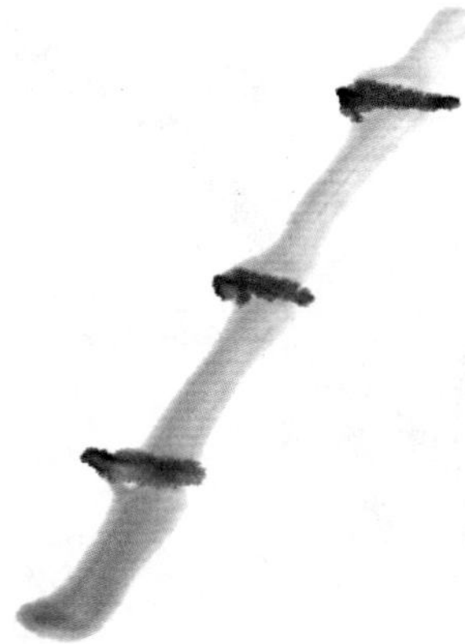

2. 浓墨一一点竹节

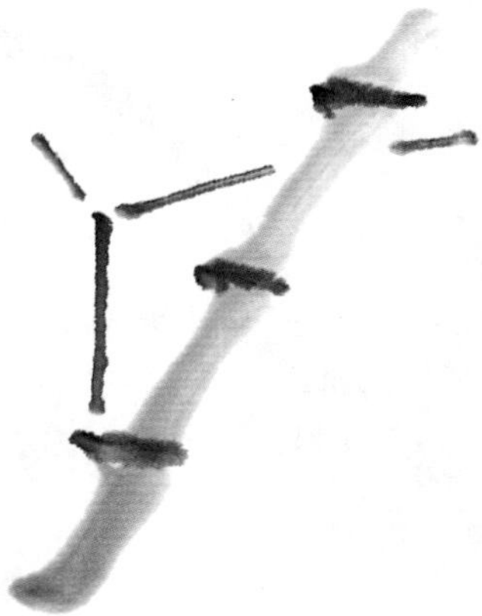

3. 重墨中锋勾细枝

4. 焦墨快速撇竹叶

菊花

1. 花心是椭圆

2. 花瓣紧相连

3. 枝叶深浅墨

4. 花黄绿一点

鸡冠花

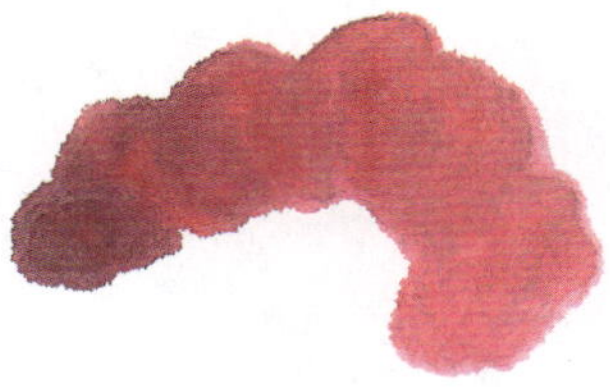

1. 曙红画出花冠

2. 中锋勾点花身

3. 草绿涂染花叶

4. 浓墨点冠勾筋

万年青

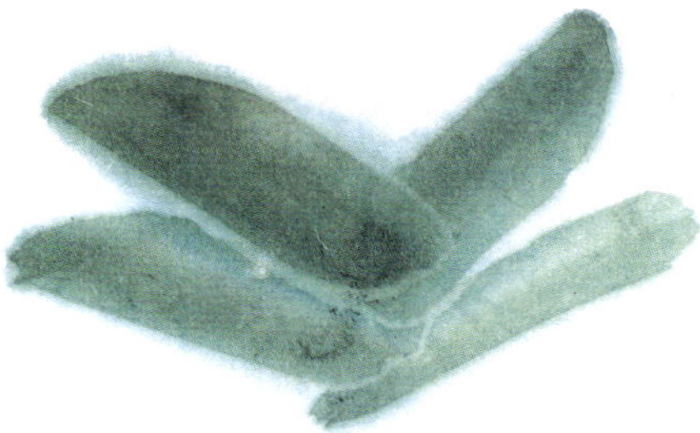

1. 花青调藤黄画叶

2. 曙红调朱砂画果

3. 石绿勾茎墨点脐

4. 叶筋趁湿快勾勒

牡丹

1. 胭脂侧锋画一层

2. 花瓣下边又一层

3. 一气画到第三层

4. 心黄叶黑牡丹红

荷花

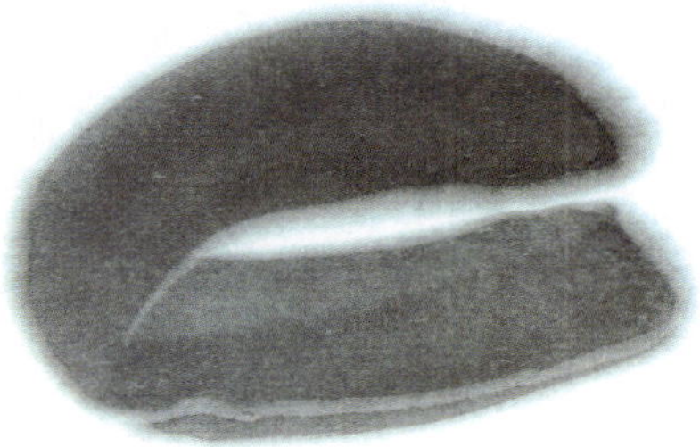

1. 淡墨染荷叶

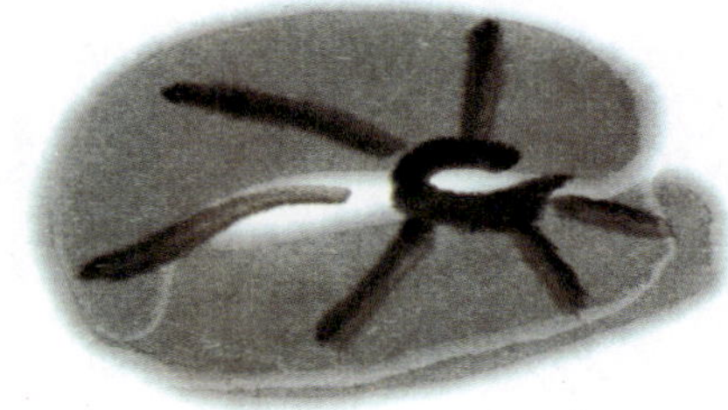

2. 浓墨勾叶筋

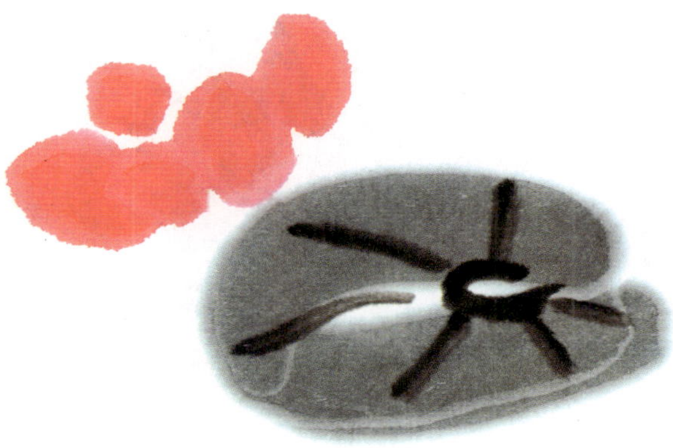

3. 曙红点花瓣

4. 胭脂描花纹

仙人掌

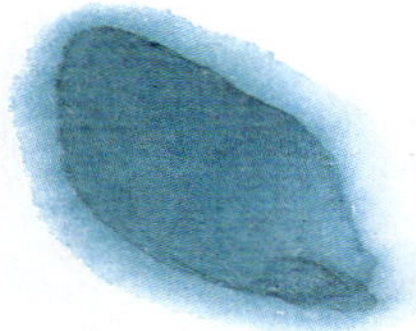

1. 大号毛笔中锋点

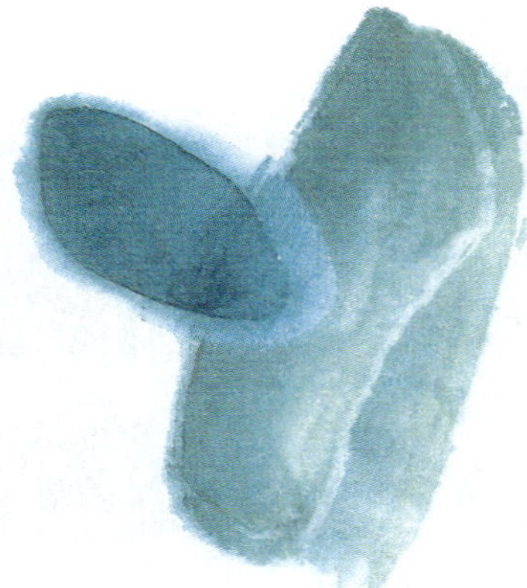

2. 花青调色侧锋染

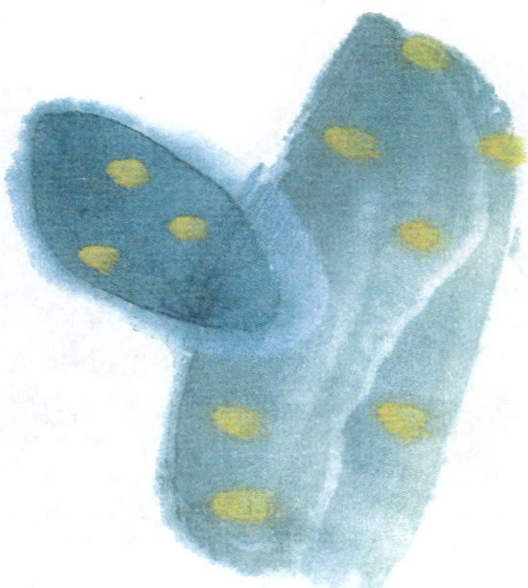

3. 藤黄点子十多个

4. 点子上面刺儿满

向日葵

1. 中心点一点

2. 外围走一圈

3. 藤黄点花瓣

4. 花籽格里填

枫树

1. 赭墨一笔画

2. 两笔出枝杈

3. 三笔抽新芽

4. 曙红加朱膘，浓淡要变化

榕树

1. 侧锋两笔干儿粗

2. 逆锋两笔杈儿疏

3. 中锋数笔枝儿密

4. 黑苔点点叶儿绿

柳树

1. 焦墨逆锋画树干

2. 柳枝弯弯几条线

3. 再加几条柳枝密

4. 饱蘸彩墨泼春绿

松树

1. 赭石画树干

2. 焦墨勾树皮

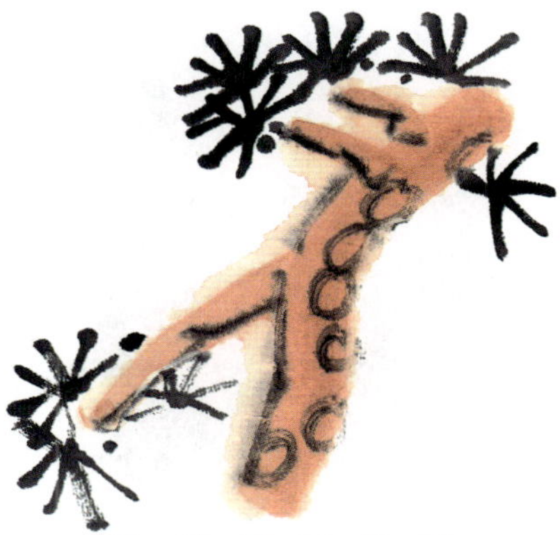

3. 浓墨挑松针

4. 青墨染叶绿

瓢虫

1. 大红两笔一个圆

2. 浓墨中间一弧线

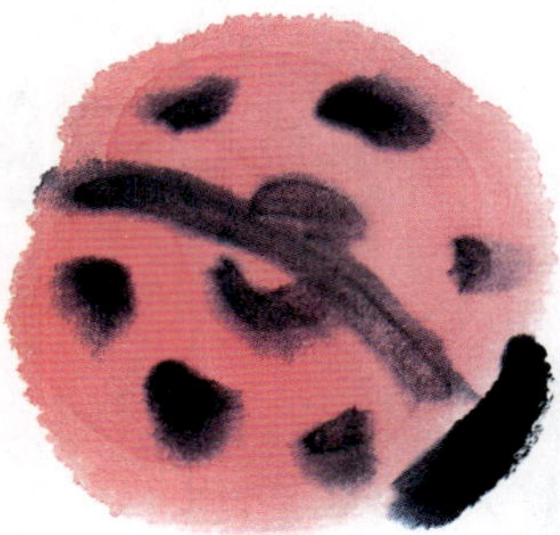

3. 点上大小黑墨点

4. 重墨勾腿画头眼

蜜蜂

1. 赭石画头勾背纹

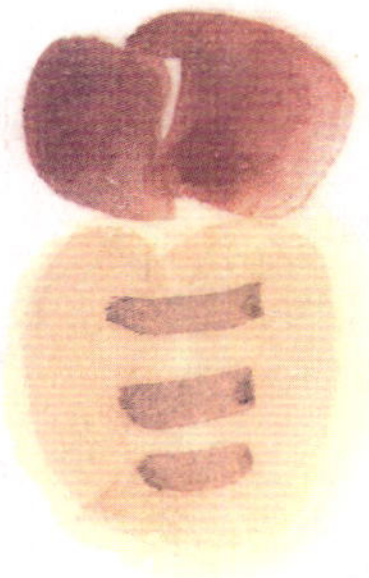

2. 藤黄两笔画蜂身

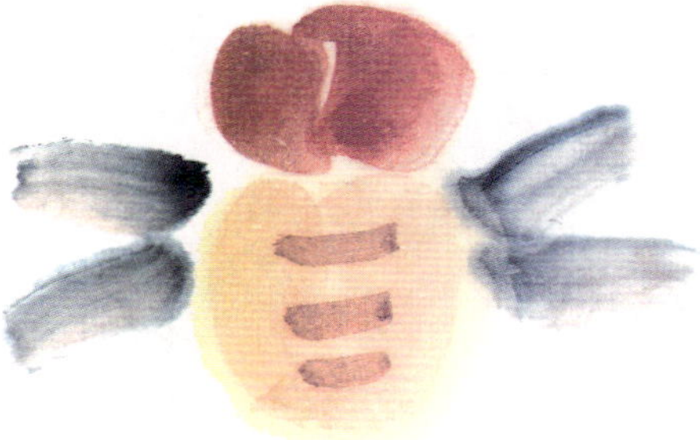

3. 淡墨侧锋透明翅

4. 勾腿点眼才有神

蝴蝶

1. 藤黄四笔画翅膀

2. 朱砂两笔画腰身

3. 淡墨须子重墨眼

4. 石绿几点做花纹

蜻蜓

1. 多蘸曙红少朱砂

2. 头胸尾部要分家

3. 淡墨侧锋画薄翅

4. 点翅点眼点尾巴

蝌蚪

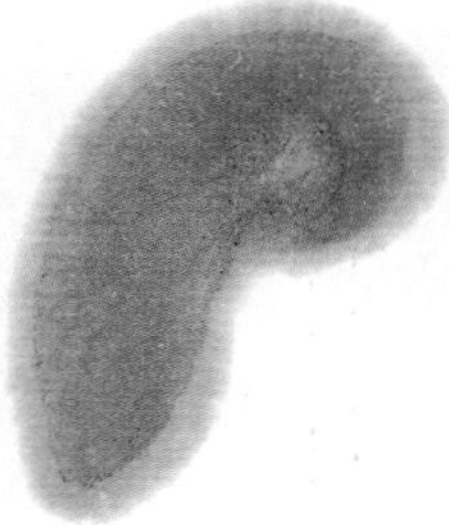

1. 淡墨轻轻点一笔

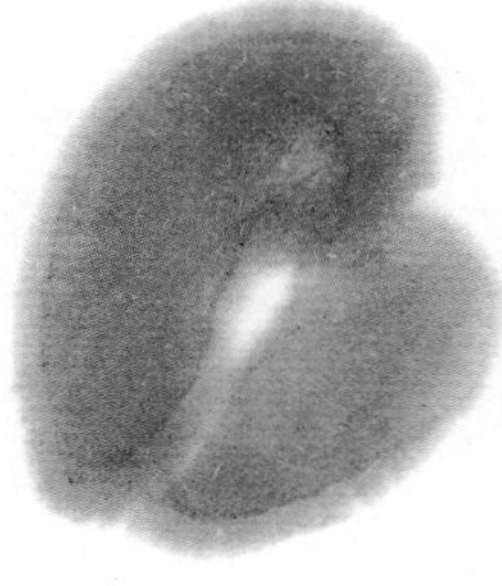

2. 再来一笔挨一起

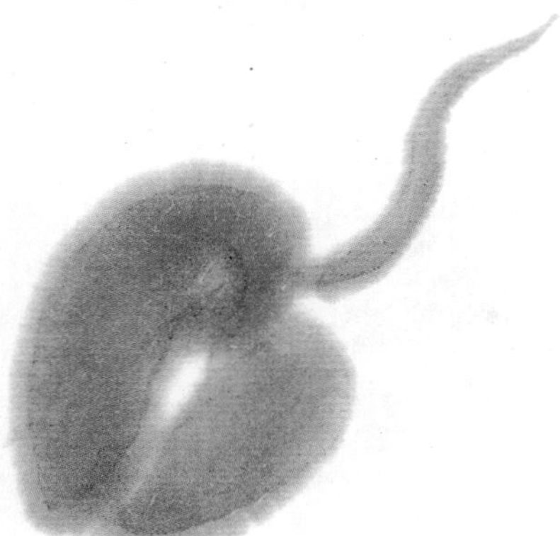

3. 中锋画出一曲线

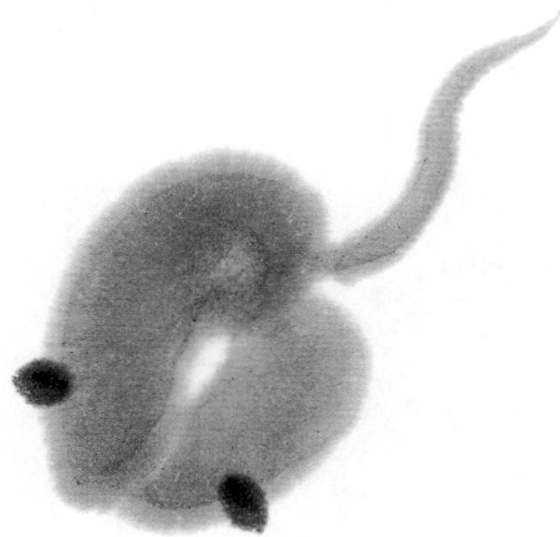

4. 浓墨两笔点双眼

小青鱼

1. 淡墨画出鱼身鱼尾

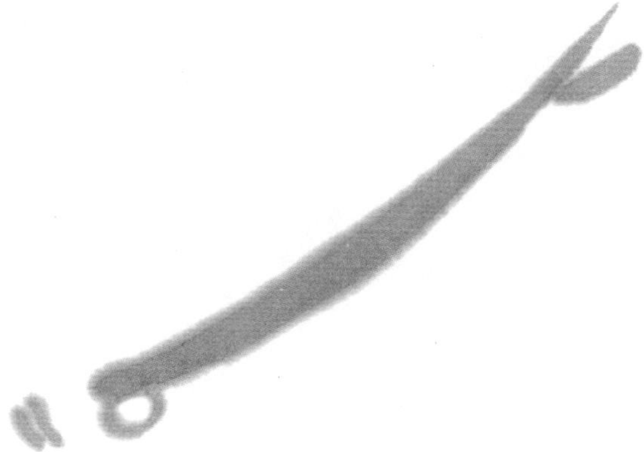

2. 笔尖勾出鱼眼鱼嘴

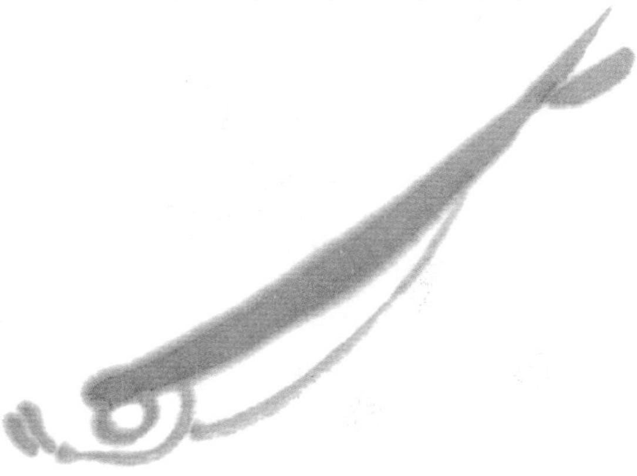

3. 弧线轻描鱼鳃鱼腹

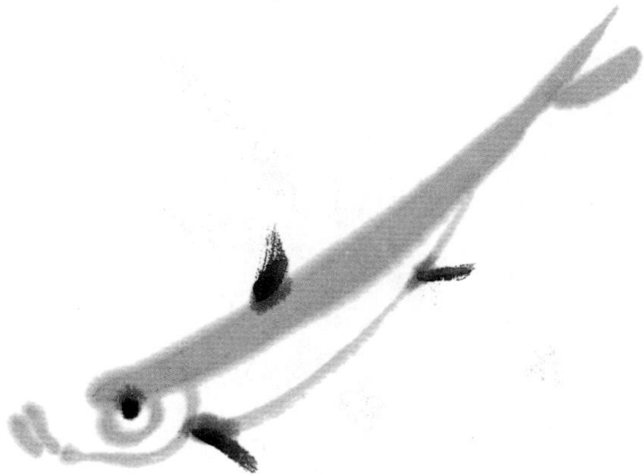

4. 黑眼黑鳍鱼儿游水

金鱼

1. 两只大圆眼，身体三角形

2. 侧锋画鱼尾，深浅色不同

3. 浓墨点眼鳍

4. 身体染曙红

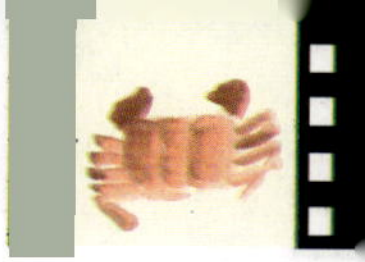

热带鱼

1. 花青调石绿侧锋上提

2. 下边和中间各补一笔

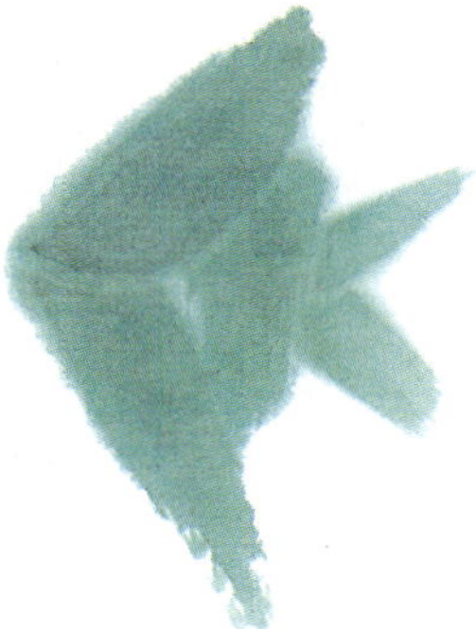

3. 鱼尾要尖尖上下分离

4. 浓墨画花纹淡墨勾须

海豚

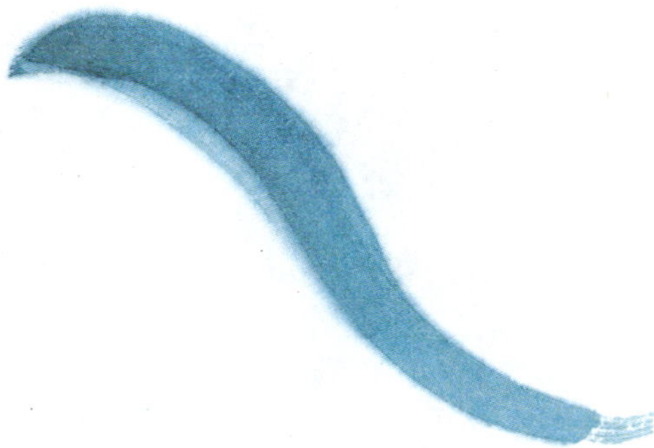

1. 石青画鱼背

2. 再勾腹鳍尾

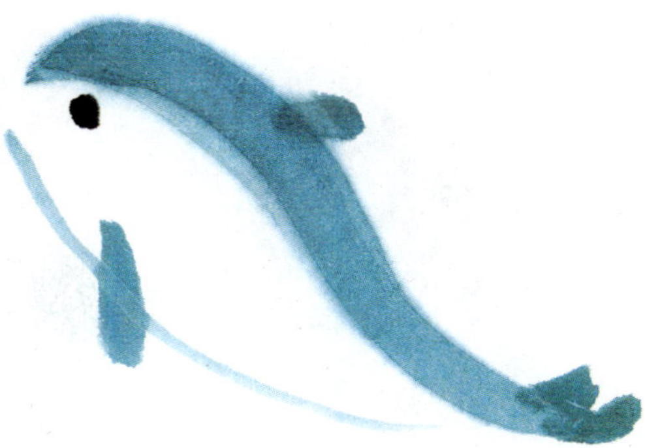

3. 浓墨点黑眼

4. 朱膘画扁嘴

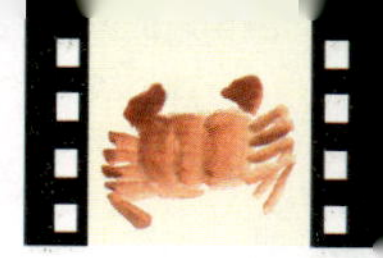

鲸鱼

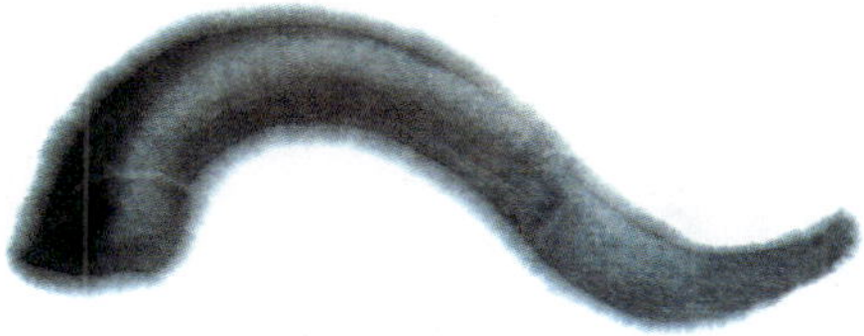

1. 花青调墨画背脊

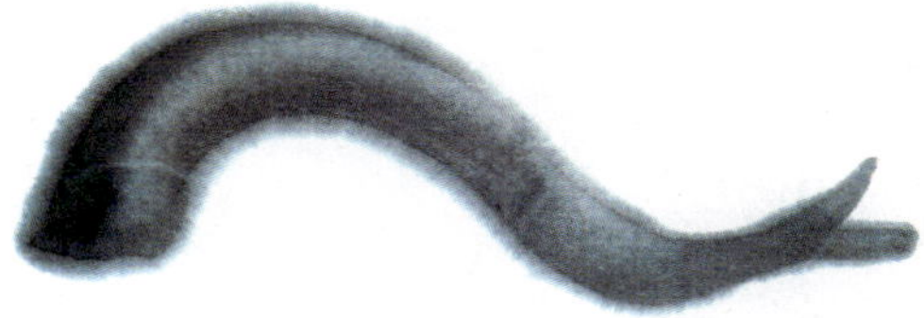

2. 脊背末端加一笔

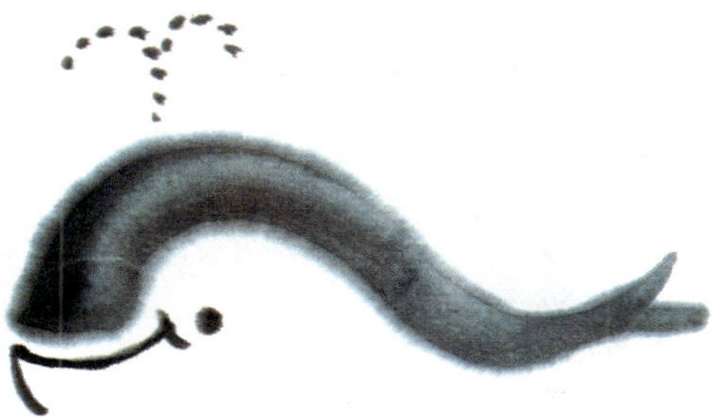

3. 勾嘴点眼喷水柱

4. 鲸鱼游在浪花里

鲶鱼

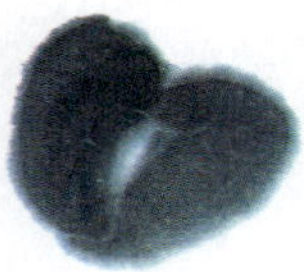

1. 花青调墨两点紧挨

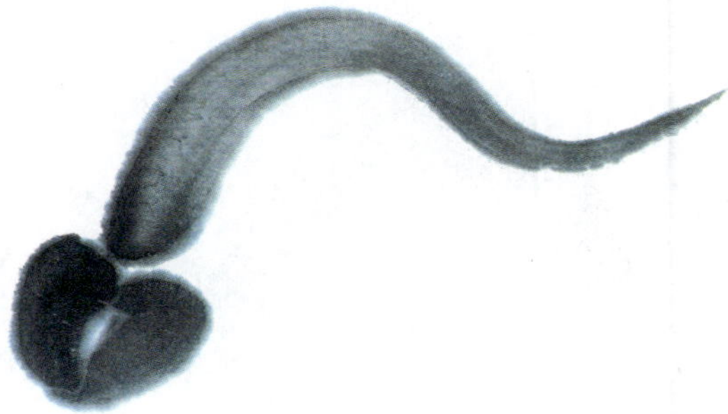

2. 笔蘸饱墨一弯一甩

3. 再蘸浓墨两点一提

4. 两只圆眼两撇胡须

虾

1. 淡墨侧锋画头背

2. 浅墨笔端添足尾

3. 浓墨点头勾前爪

4. 重墨点眼淡墨须

螃蟹

1. 侧锋画背，有深有浅

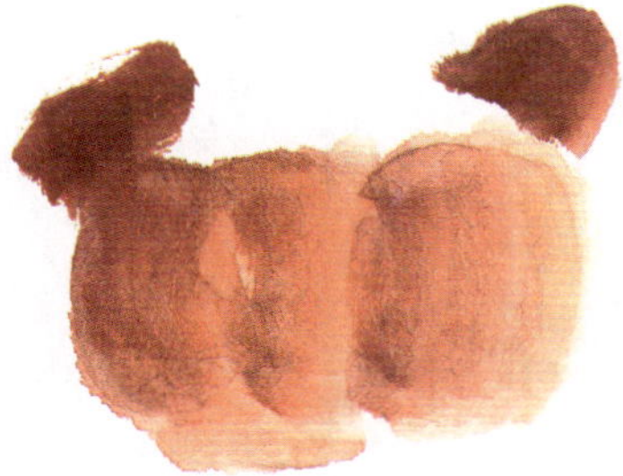

2. 顶端两笔，不长不短

3. 八条细腿，两螯似剪

4. 画尾画爪，赭墨点眼

青蛙

1. 侧锋一笔画蛙背

2. 中锋两笔画蛙腿

3. 笔尖轻勾前后爪

4. 点眼勾背变青蛙

蜗牛

1. 笔尖轻轻转

2. 旋涡要连贯

3. 下托一弯线

4. 长角又长眼

蛇

1. 淡墨弯曲画蛇身

2. 浓墨点眼点花纹

3. 信笔画得草儿绿

4. 朱砂点花勾舌芯

乌龟

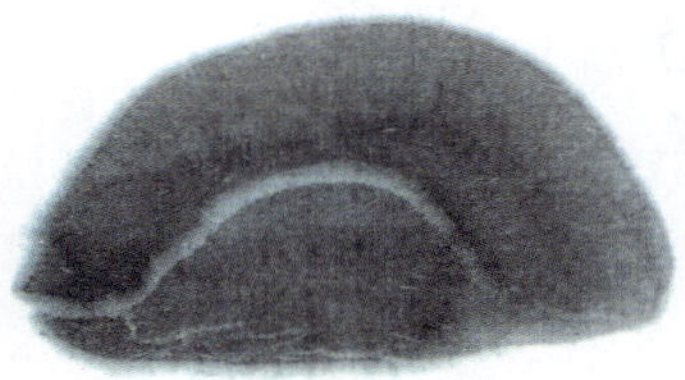

1. 花青加墨，回笔成背

2. 撇捺弯线，当腿当尾

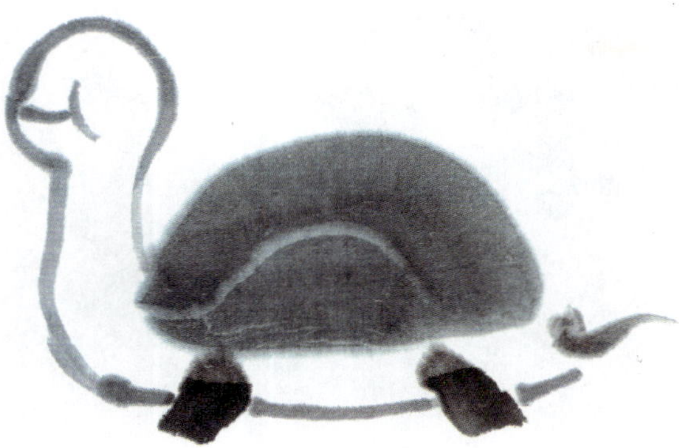

3. 淡墨中锋，圆头扁腹

4. 点眼点背，脚趾连腿

恐龙

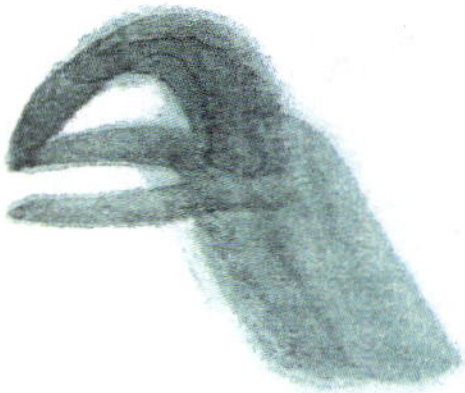

1. 石绿画头画颈画嘴

2. 依次画背画腹画腿

3. 脊背荆棘丛生

4. 笔尖浓墨点睛

小鸡

1. 第一步，点头背

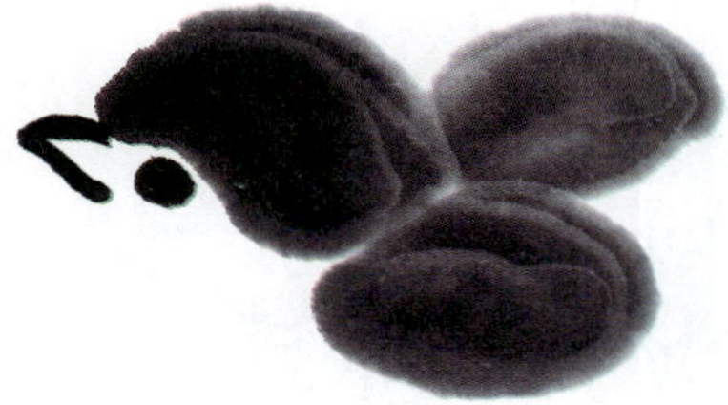

2. 第二步，画眼嘴

3. 第三步，染鸡腹

4. 第四步，勾鸡腿

母鸡

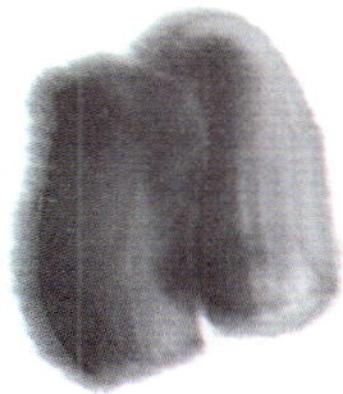

1. 淡墨两笔画脖颈

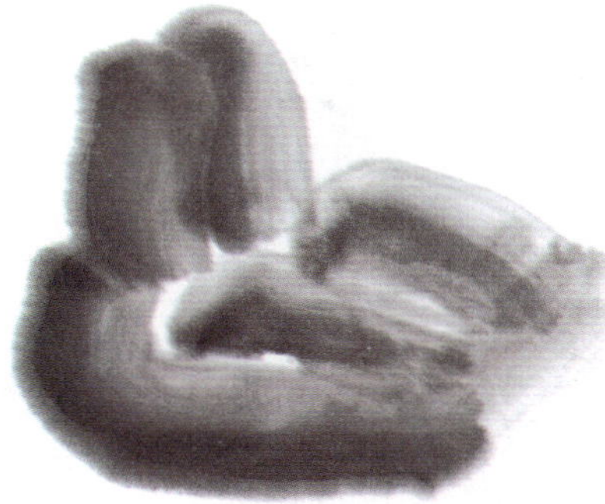

2. 侧锋三笔画腹背

3. 浓墨依次添翅尾

4. 圆眼朱冠尖尖嘴

鸭子

1. 朱砂画嘴，淡墨勾眼

2. 藤黄画头，脖子相连

3. 浓黄淡赭，画背画尾

4. 重墨点眼，浅墨勾水

鹅

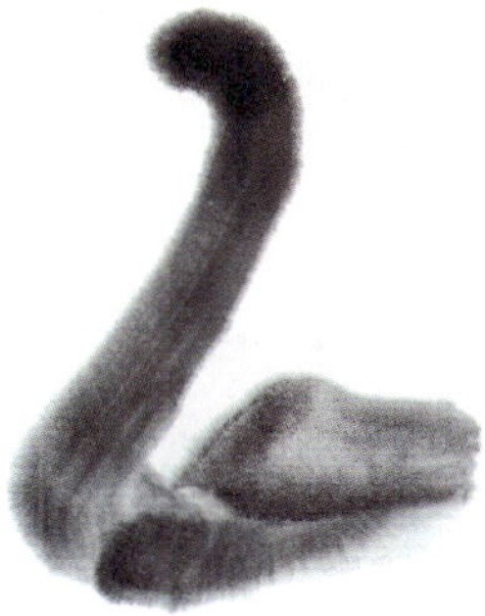

1. 淡墨画颈画身

2. 浓墨点眼画尾

3. 红头黄掌黄嘴

4. 花青勾画流水

天鹅

1. 侧锋淡墨画鹅背

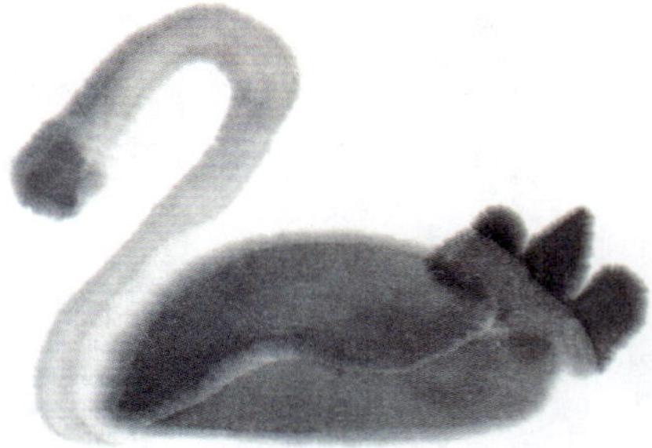

2. 中锋画颈画鹅尾

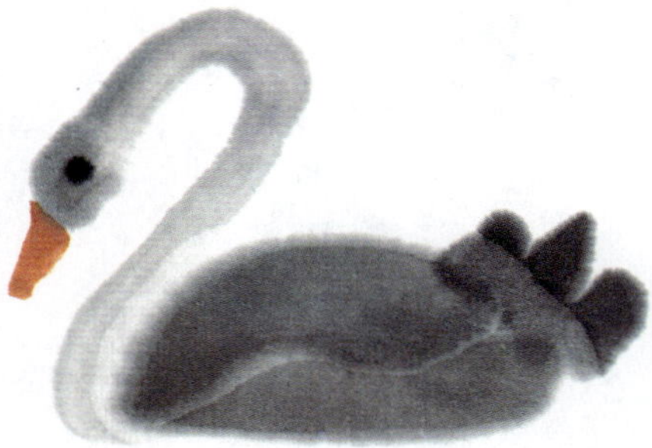

3. 浓墨点眼朱膘嘴

4. 花青信笔勾出水

大雁

1. 扁圆身体脖子长

2. 尾巴短短翅成双

3. 浓墨点羽点黑睛

4. 朱膘红嘴雁飞翔

麻雀

1. 赭石点头，下圆上尖

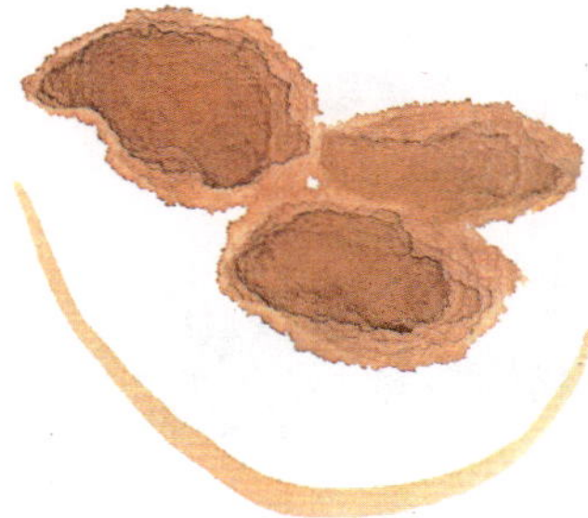

2. 画背勾线，大腹翩翩

3. 长长尾巴，嘴尖眼圆

4. 细细爪子，点点花斑

翠鸟

1. 花青画头画翅

2. 淡墨勾嘴勾腹

3. 浓墨点眼点羽

4. 朱膘染爪染嘴

燕子

1. 侧锋浓墨画头背

2. 侧锋中锋画翅尾

3. 淡墨勾出鸟胸部

4. 红颈黑眼浓墨嘴

鹌鹑

1. 淡墨一笔画出头

2. 淡墨三笔画出背

3. 侧锋再画腹和尾

4. 花斑尖爪眼鼻嘴

鹰

1. 一笔画头，两笔画背

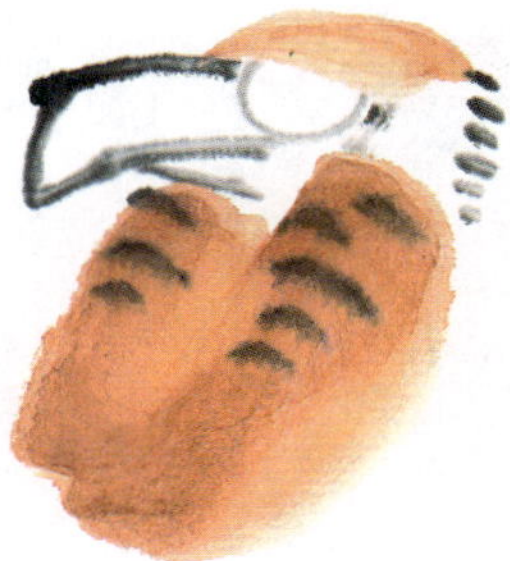

2. 圈眼勾嘴，羽毛细碎

3. 淡墨勾腹，浓墨提尾

4. 重墨点眼，焦墨勾腿

乌鸦

1. 鸦背浓淡有变化

2. 重墨画出鸦尾巴

3. 淡墨画腹勾嘴眼

4. 黑眼黄嘴黄爪爪

猫头鹰

1. 淡赭侧锋画两笔

2. 画头画爪画鸟羽

3. 眼圆嘴尖枝头立

4. 颈毛细碎眼睛绿

企鹅

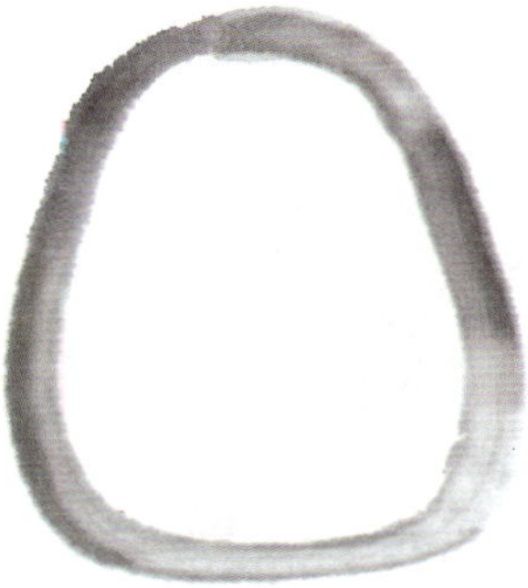

1. 淡墨中锋画椭圆

2. 浓墨画翅画嘴眼

3. 勾脚点睛染羽毛

4. 藤黄染嘴又染脚

刺猬

1. 侧锋一转，上长下短

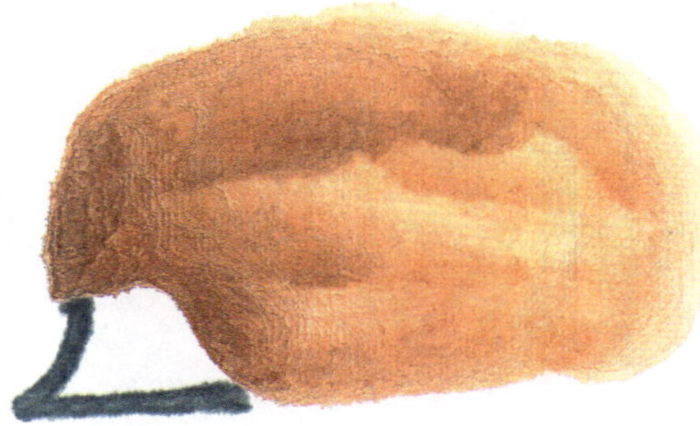

2. 笔锋来去，尖嘴尖脸

3. 浓墨两点，有鼻有眼

4. 满身细刺，缩成一团

猪

1. 身形像颗大蚕豆

2. 短腿长嘴尖耳朵

3. 红脸黑斑墨色浅

4. 黑眼黑蹄尾巴短

猫

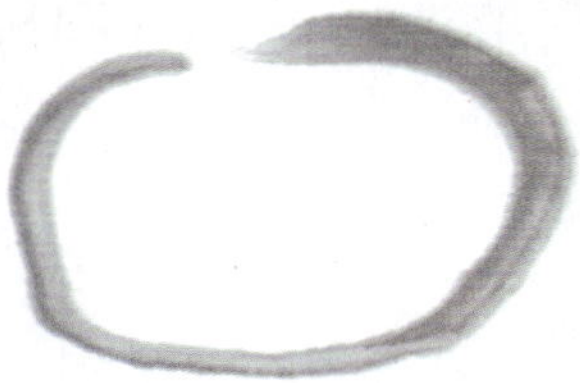

1. 不扁不圆一张脸

2. 腿直身圆尾巴卷

3. 三角耳朵发遮面

4. 须长眼大花斑点

熊猫

1. 淡墨中锋，勾出脸形

2. 嘴小耳大，黑眼墨浓

3. 两短两长，四肢胖胖

4. 石绿画竹，熊猫模样

狮子

1. 脑袋大

2. 身子小

3. 耳鼻尾巴不能少

4. 眼嘴胡子别忘了

猴子

1. 淡墨一笔画头部

2. 身体四肢再画出

3. 朱膘涂个红色脸

4. 小爪细尾猴嘴眼

紫砂壶

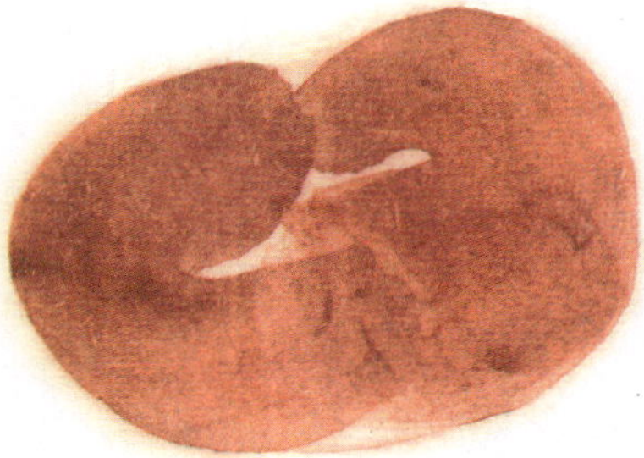

1. 侧锋两笔连一起

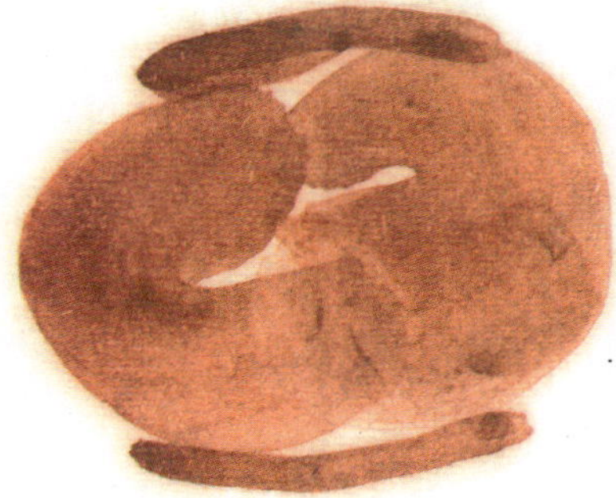

2. 中锋上下各一笔

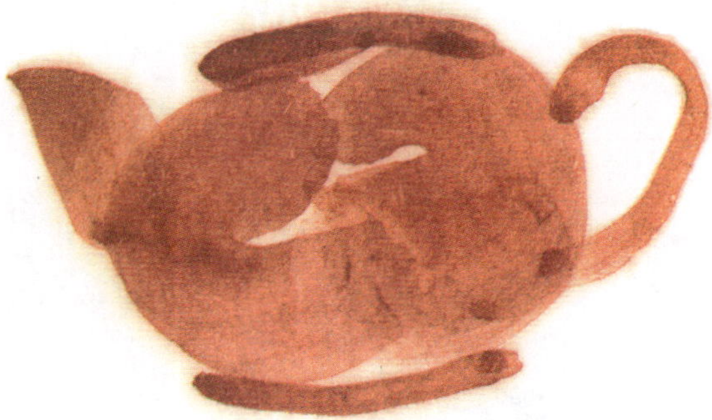

3. 壶嘴粗来壶把细

4. 重墨壶钮别忘记

鼓

1. 一左一右相对应

2. 中间涂满别留空

3. 上下鼓面包牛皮

4. 鼓边上下钉铜钉

老爷车

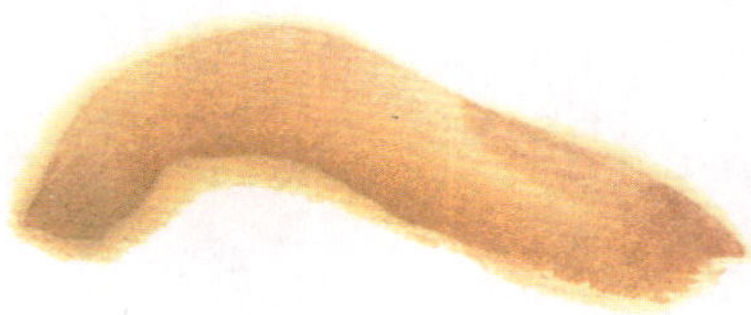

1. 侧锋画车头

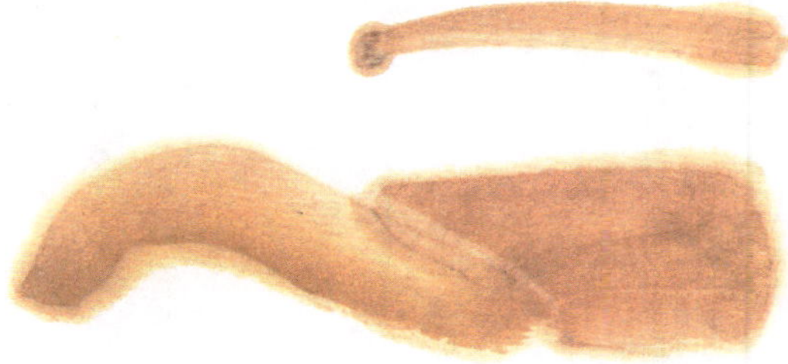

2. 车顶和车身

3. 车窗和车胎

4. 最后点车轮

公共汽车

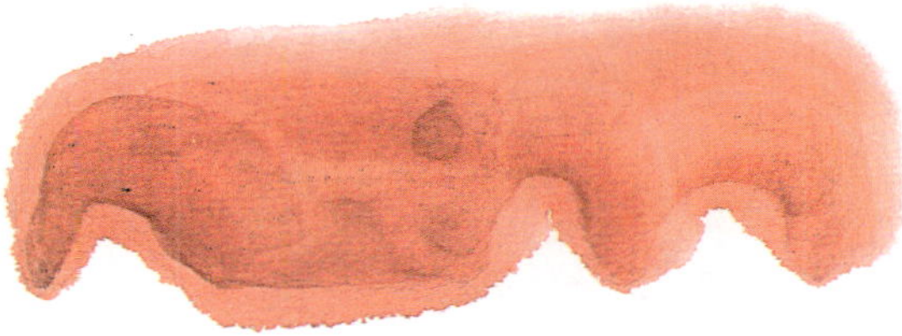

1. 大红朱砂画车身

2. 车篷中锋线一根

3. 浓墨勾窗勾车轮

4. 焦墨点轴才有神

直升飞机

1. 侧锋一弯月当空

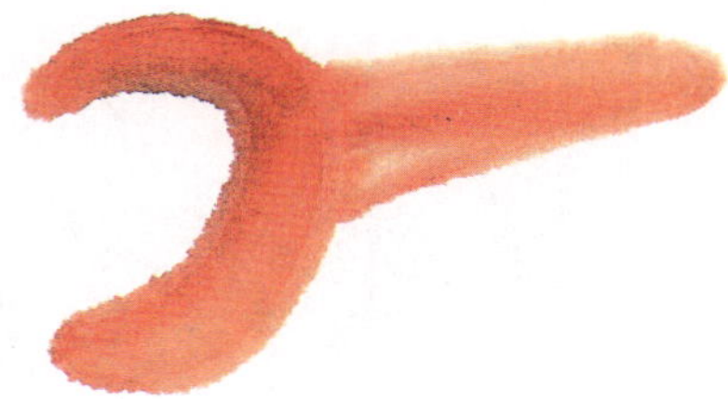

2. 生出长尾变慧星

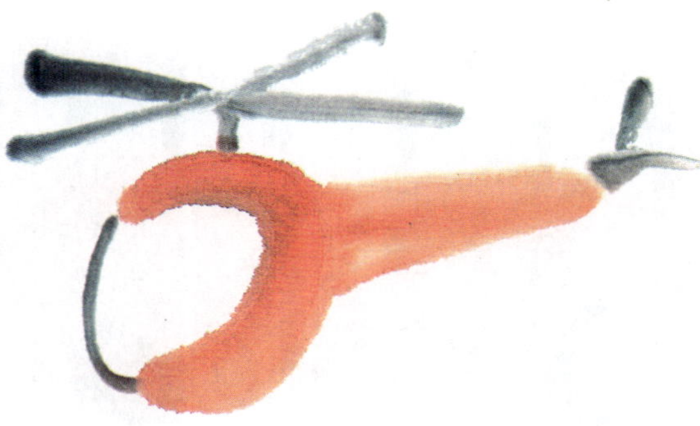

3. 慧星安窗又装桨

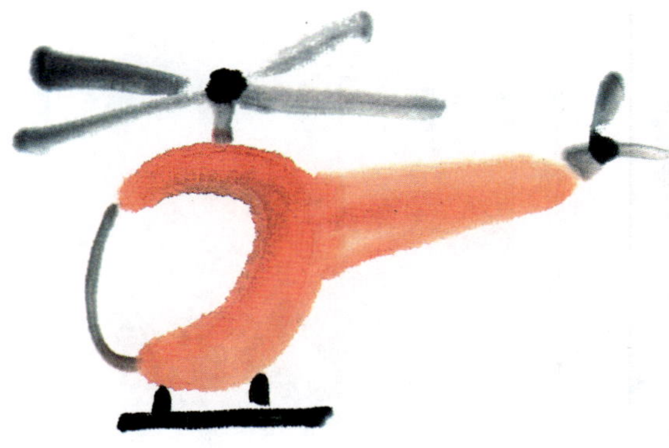

4. 添轴搭架能飞行

坦克

1. 长长坦克身

2. 炮座没有门

3. 履带用淡墨

4. 黑炮黑铁轮

石

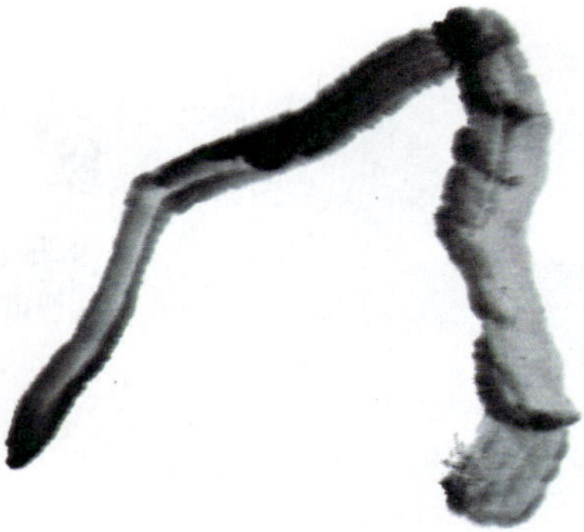

1. 逆锋勾山石

2. 回转曲又直

3. 侧锋皴石色

4. 点苔染赭石

草房

1. 一笔做房梁

2. 再画茅草房

3. 淡墨勾土墙

4. 浓墨画门窗

宝塔

1. 三角横竖一层层

2. 中锋一笔地面平

3. 塔尖塔门浓墨点

4. 花青染树映塔形

风景

1. 浓墨勾小房

2. 小房黑石上

3. 青墨画远山

4. 绿树红房尖

山水（一）

1. 浓浓赭墨画近山

2. 淡淡赭墨画远山

3. 一座小山隐约处

4. 山青水秀渡小船

山水（二）

1. 前山浓淡墨相间

2. 花青调墨画后山

3. 花青淡淡远山色

4. 山水之间一片帆

男孩

1. 黑发密密用浓墨

2. 淡墨勾出脸轮廓

3. 勾耳描眉黑眼仁儿

4. 大红领子红嘴唇儿

女孩

1. 弧线弯弯一张脸

2. 淡嘴淡眉浓墨眼

3. 乌黑短发头上生

4. 红唇绿领绿头绳

小姑娘

1. 淡墨半圆勾脸

2. 浓墨两笔染发

3. 曙红围巾朱唇

4. 重墨点眼有神